LES JARRETIÈRES

D'UN HUISSIER

VAUDEVILLE EN UN ACTE

PAR

M. PAUL AVENEL

Representé pour la première fois, à Paris, sur le théâtre du PALAIS-ROYAL,
le 5 mai 1861

PARIS

MICHEL LÉVY FRÈRES, LIBRAIRES-ÉDITEURS

RUE VIVIENNE, 2 BIS

1861

LES

JARRETIÈRES D'UN HUISSIER

Le théâtre représente un salon à pans coupés bourgeoisement meublé; porte à gauche, deuxième plan; porte à droite, deuxième plan, porte au fond.

SCÈNE PREMIÈRE

(Au lever du rideau, il est huit heures, Joseph achève de ranger le salon.)

JOSEPH, seul. Ah! si j'avais seulement dix bonnes mille livres de rentes, je ne serais pas domestique, et, si je n'étais pas domestique, je ne servirais pas M. Robinet, huissier, homme ridicule, mais désagréable. (En époussetant, il casse une porcelaine.) Allons, bon! je viens de casser la tête à son magot de la Chine!... Après tout, ça m'est égal... on ne paye pas la casse ici... et puis, la payerait-on, que je ne la payerais pas. (Il ramasse les morceaux de porcelaine et les met dans sa poche). Pour qu'on ne s'aperçoive de rien, je donnerai ce magot de porcelaine de Chine à un raccommodeur de faïence de mes amis; il lui recollera artistement la tête sur les épaules... Ah! si j'avais seulement dix bonnes mille livres de rentes! (Il s'assied.)

SCÈNE II.

JOSEPH, M. ROBINET.

ROBINET, entrant. Joseph!...
JOSEPH. Monsieur?
ROBINET. Que fais-tu là?...
JOSEPH. Monsieur le voit bien.
ROBINET. Je vois que tu ne fais rien!...
JOSEPH. Sans doute!
ROBINET. Va voir à l'office si j'y suis!

JOSEPH. Bien, monsieur !... (Il sort.)

ROBINET, le regardant sortir. Quelle brute que ce jeune mercenaire !... mais il est docile !...

SCÈNE III.

ROBINET, seul. Je suis sorti de bonne heure ce matin pour faire mes emplettes !... Ma femme s'appelle Céleste, quoiqu'elle n'ait rien de céleste... et c'est demain sa fête !... Voici pour elle !... (Il tire de sa poche un petit paquet.) Si ma femme s'appelle Céleste, j'ai une petite connaissance qui se nomme Célestine. Voici ce que je lui destine... (Il montre un paquet pareil au précédent.) Je fais ainsi d'une pierre deux coups !

Air : *D'un ménage de garçon.*

Ma Céleste et ma Célestine,
Ce sont la pluie et le beau temps ;
Et quand ma femme me taquine,
Alors je lui montre les dents.
C'est moi qui gouverne céans.
Mais Célestine, elle est charmante,
Et si mon cœur bat de plaisir,
C'est que l'une me représente
Le passé, l'autre l'avenir.
Oui, pour moi, l'une représente
Le passé, l'autre l'avenir.

Je vais leur offrir à chacune une élégante paire de jarretières ; c'est bon ton, original et pas cher... 3 fr. 50 le cadeau !... ce qui fait 1 fr. 75 par mollet... J'ai varié les couleurs d'après mes sentiments !... (Il ouvre les paquets.) Les unes grises, couleur de cendre, de feu éteint, sont pour ma femme ; les autres, d'un rouge ardent, couleur de flamme, sont pour Célestine ! La mercière qui me les a vendues est une petite friponne dont l'œil, plein de malice, m'a été de... part en part. Je crois même que je lui allais... car elle m'a ri au nez... et j'ai cru un instant qu'elle allait m'offrir de les essayer !... Ah ! si Célestine savait cela... elle, un dragon de vertu !... Quoique fleuriste en chambre, ce qui ne l'empêche pas d'adorer les bracelets, et l'Ambigu-Comique, elle trouve que pleurer, ça la fait rire !... (En causant, il serre les jarretières dans un meuble à gauche.) Allons, je vais lui envoyer mon présent, à présent !... (Il rit.) Une fois n'est pas coutume !... (Joseph entre.)

SCÈNE IV.

ROBINET, JOSEPH.

JOSEPH. Monsieur, je viens de l'office.
ROBINET. Ah!...
JOSEPH. Oui, vous n'y êtes pas...
ROBINET. As-tu bien cherché!
JOSEPH. Ah! oui!...
ROBINET. Quel idiot!
JOSEPH. Il y a là une dame qui vous demande.
ROBINET. Fais-la entrer à l'étude... j'y vais!
JOSEPH. Par ici!... madame, par ici!...
ROBINET. Imbécile, je t'avais dit... à l'étude!
JOSEPH. Monsieur, il est trop tard... la voici!...
ROBINET, à lui-même. Ma femme devient furieuse quand je re-
çois des clients dans son salon!...
JOSEPH, à la dame. Entrez... entrez... madame! (Il sort. — Cé-
lestine entre.)

SCÈNE V.

ROBINET, CÉLESTINE.

CÉLESTINE, un voile sur les yeux. J'ai quelques factures que l'on
refuse de solder... et comme vous êtes huissier...
ROBINET, se retournant. Sac à papier!... Célestine!...
CÉLESTINE. Ciel... Ernest!...
ROBINET. Plus bas, ma petite chatte, plus bas!...
CÉLESTINE. Ah! mon gros vieux, vous m'avez indignement
trompée!
ROBINET. Moi?...
CÉLESTINE. Vous m'aviez dit que vous demeuriez au Jardin
des Plantes!...
ROBINET. C'était une frime, j'en conviens. Écoutez-moi!
CÉLESTINE. Je n'écoute rien, vous êtes un monstre!
ROBINET. Je suis huissier, c'est déjà bien assez!
CÉLESTINE. Vous vouliez donc abuser de mon innocence par
vos propos fallacieux?...
ROBINET. Pas si haut! mes clercs pourraient nous en-
tendre.
CÉLESTINE. Je me moque de vos clercs! et ce que je vois de
plus clair... c'est que votre conduite ne l'est pas... claire,

ROBINET. Ne me condamnez pas sans m'entendre, Célestine! Je suis l'innocence en personne!

CÉLESTINE. N, i, ni, fini... Vous venez de mettre les scellés sur mes illusions!... Vous m'avez trompée... vous vous disiez membre du Jockey-Club, et vous n'êtes qu'un affreux porteur de papiers timbrés!...

ROBINET. Célestine!...

CÉLESTINE. Tenez, la dernière fois que je vous ai vu, vous m'avez promis deux choses pour ma fête : un bracelet et une loge pour l'Ambigu.

ROBINET. Eh bien?...

CÉLESTINE. Eh bien, je n'ai encore rien vu, et c'est demain ma fête!...

ROBINET. Tenez, friponnette, pour vous prouver que je ne vous ai pas oubliée, voici ce que j'ai acheté pour vous!... (Il lui donne une paire de jarretières enveloppée.)

CÉLESTINE. En vérité?...

ROBINET. Promettez-moi une chose, c'est de n'ouvrir ce paquet que chez vous... car c'est une surprise!...

CÉLESTINE. Une surprise!...

ROBINET. Oui! (A part.) Maintenant, elle va s'en aller!...

CÉLESTINE. Est-ce que vous ne me conduirez pas au théâtre ce soir?...

ROBINET. Si, si, je vous enverrai un coupon!

CÉLESTINE. Tenez, je vas vous parler franchement : vous êtes vieux, chauve et laid... mais, au fond, vous êtes gentil!... Adieu, Ernest, mon petit Ernest!

ROBINET. Au revoir!... (A part.) Ernest, c'est mon nom couleur de muraille!...

ENSEMBLE.

Air : *Au revoir.*

CELESTINE.

Au revoir! (*bis.*)
Car il est de son devoir
De répondre à mon espoir.
Nous nous reverrons ce soir.

ROBINET.

Au revoir! (*bis.*)
Car il est de mon devoir
De répondre à son espoir.
Nous nous reverrons ce soir.

(Célestine sort.)

SCÈNE VI.

ROBINET, puis MADAME ROBINET.

ROBINET, seul. Hein! quelle tuile sur l'occiput! La seule femme que mon cœur ait choisie parmi la foule a besoin d'un

huissier, et, paf!... c'est chez moi qu'elle tombe!... est-ce que
le magnétisme y serait pour quelque chose? Ah!... ma femme!
il était temps!...

MADAME ROBINET, entrant par la gauche. Avec qui causiez-vous
donc, ici tout à l'heure, mon ami?...

ROBINET, troublé. Avec qui!...

MADAME ROBINET. Il me semble avoir entendu une voix de
femme!

ROBINET. Je causais avec madame la marquise de Saint-
Crac, une de mes clientes!...

MADAME ROBINET. Allez-vous donc reprendre l'habitude de
recevoir vos clients dans le salon? N'avez-vous pas votre cabinet?...

ROBINET. Oh! que veux-tu, ma louloute, une marquise, tu
comprends, ça mérite des égards... Une marquise du faubourg
Saint-Germain n'est pas une marquise... comme de ces marquises qui se donnent pour marquises et qui ne sont pas plus
marquises que celles qui n'ont jamais été marquises!...

MADAME ROBINET. Qu'est-ce que ça me fait à moi votre
marquise?

ROBINET. Oh! ne te fâche pas! je croyais que tu tenais à
savoir...

MADAME ROBINET. Je veux que désormais vous receviez dans
votre cabinet.

ROBINET. Sois tranquille, ma louloute, j'ai compris. Pour
mes clients, cette porte sera murée désormais... Maintenant,
permets-moi de déposer un baiser brûlant sur ton front d'al-
bâtre, car c'est demain ta fête...

MADAME ROBINET, avec sentiment. C'est bien aimable à vous
d'avoir pensé à votre pauvre Céleste!

ROBINET.

Air de *Mazaniello*.

Mais une femme est une idole,
Qu'un bon mari doit encenser;
Est-il pour lui de plus doux rôle,
Que de l'aimer et d'y penser?
Car une épouse est une reine,
Elle a pour sceptre la bonté,
Et le bonheur est le domaine   } (*bis.*)
Où gouverne sa volonté.

MADAME ROBINET. Vous êtes d'une galanterie qui me charme
et me surprend, mon Pamphile, Pamphile!...

ROBINET, à part. Pamphile est mon nom pot-au-feu!... Eh bien,
ma louloute adorée, je veux te surprendre doublement. Je
t'enverrai ce soir au Cirque!

MADAME ROBINET. Vraiment?... Moi qui raffole des chevaux !

ROBINET. Et puis, voici un petit cadeau !

MADAME ROBINET. Un bijou ! un bracelet sans doute? Oh ! je m'en parerai pour te faire honneur. Car tu m'accompagneras au Cirque?

ROBINET. Oui!... non ! Mais je tâcherai d'aller t'y rejoindre !

MADAME ROBINET. J'aurais été si heureuse de sortir à votre bras !

ROBINET. Impossible, ma bonne chérie ! Tu comprends, madame la marquise de Saint-Crac m'attend ce soir à son hôtel pour éclaircir des affaires très-embrouillées ! Et, tu conçois, une marquise, une marquise qui n'est pas de ces marquises qui n'ont jamais été marquises !

MADAME ROBINET. Depuis quelque temps, vous me laissez toujours seule.

ROBINET. Il faut en accuser les affaires. C'est une grave affaire, vois-tu, que les affaires ! C'est pour ça qu'on les appelle ainsi !

MADAME ROBINET. Je voudrais pourtant bien savoir ce que contient ce petit paquet.

ROBINET. Va dans ta chambre, et tu le sauras. Je vais envoyer quelqu'un retenir des places.

MADAME ROBINET. Pamphile, Pamphile, vous êtes un mari charmant !

ENSEMBLE.

Air : Une heureuse rencontre.

MADAME ROBINET.

Tant de délicatesse
Fait palpiter mon cœur;
Ce gage de tendresse
Augmente mon bonheur.

M. ROBINET.

Oui, ma délicatesse
Fait palpiter son cœur;
Ce gage de tendresse
Augmente son bonheur.

(Madame Robinet sort par la gauche.)

SCÈNE VII.

M. ROBINET, JOSEPH.

ROBINET, appelant. Joseph !

JOSEPH, entrant. Voilà, monsieur !

ROBINET. Tu vas m'aller louer des stalles au Cirque.

JOSEPH. Au Cirque! Où que ça est?

ROBINET. Là, sur le boulevard, tu trouveras des gens...

JOSEPH. Très-bien! Il est à cheval à sa porte, sur un cheval de bronze!

ROBINET. Quelle haute intelligence!

JOSEPH. Mon père était de votre avis, patron.

ROBINET. De là tu iras à l'Ambigu, et tu prendras une baignoire!

JOSEPH. Une baignoire!

ROBINET. Et tu en porteras le coupon à cette jeune dame qui vient de sortir de ce salon!

JOSEPH. Bien! Je la connais!

ROBINET. Tu la connais?...

JOSEPH. Dame, patron, vous la connaissez bien, vous!

ROBINET. C'est juste!

JOSEPH. J'y vas!

ROBINET. Aussitôt de retour, tu viendras me dire si elle était chez elle.

JOSEPH. Bon!

ROBINET, à demi-voix. Mais, dans la crainte de témoins indiscrets, tu me parleras d'elle comme tu me parlerais d'un de mes amis... Tu me diras *il, lui,* au lieu de *elle!*

JOSEPH. Je vous dirai *il, lui,* au lieu de *elle,* compris.

ROBINET. Exemple! Tu me diras : « Je viens de chez *lui, il* était chez *lui, il* vous remercie bien de vos bontés, *lui.* »

JOSEPH. Oh! quand il faut de la finesse, je suis fin, moi, allez! Une bête et moi ça fait deux!

ROBINET. Tu sais compter? Tiens, voilà douze sous pour prendre l'omnibus! Tu me retrouveras ici, ou dans mon cabinet.

JOSEPH. Oui, patron!

ROBINET, en sortant par la droite. *Il, lui!*

SCÈNE VIII.

JOSEPH seul, puis AUGUSTIN.

JOSEPH. Bigre! dépenser douze sous en omnibus!... voilà de de l'argent bien mal employé... Je les boirai en douceur, et j'irai à pieds...

AUGUSTIN, paraît au fond. Le patron n'est donc pas là?

JOSEPH. Il vient de sortir, et, s'il n'était pas sorti, je crois, monsieur Augustin, que vous l'auriez rencontré.

AUGUSTIN. En es-tu sûr?

JOSEPH. Du moins, je le crois... D'ailleurs, vous le trouverez dans l'étude.

AUGUSTIN. A l'étude, j'ai bien le temps d'y être !

JOSEPH. Vous n'aimez pas l'étude ?

AUGUSTIN. L'étude, l'étude !... Ah ! si je connaissais l'animal qui a inventé les notaires, les avoués, les... huissiers et les études, je lui tirerais des pétards le jour de sa fête. (Il imite le pétard.)

JOSEPH, à part. Quel malheur que ce n'est pas moi !... Mais taisez-vous donc !... Si M. Robinet vous entendait !...

AUGUSTIN, s'asseyant à gauche. Maître Isidore-Pamphile Robinet ? Parlons-en !... Voilà un patron qui me scie ! Jamais content, toujours criant, d'une avarice extrême, d'un caractère sauvage ! Mon plus grand plaisir est de l'asticoter, de le faire monter à l'échelle ! Ce n'est pas un homme que cet huissier-là, c'est un orang-outang très-peu perfectionné !

JOSEPH. Vous avez raison, c'est une orange-outang !

AUGUSTIN. Il a une femme qui devait être bien dans son temps, car elle a encore de beaux restes.

JOSEPH. Oh ! oui, quelle en a ! (Il s'approche d'Augustin.)

AUGUSTIN. Eh bien, mets-toi à ton aise ; assieds-toi sur mes genoux !

JOSEPH, il le fait. Avec plaisir !

AUGUSTIN. Animal ! (Il le repousse.)

JOSEPH. Et dire qu'à son âge le patron court encore. C'est bien mal de sa part !

AUGUSTIN. Si j'étais à la place de madame Robinet, je sais bien ce que je ferais !

JOSEPH. Que feriez-vous ?

AUGUSTIN. Je prêterais l'oreille aux œillades du zouave de Crimée qui demeure en face, et qui fait de la peinture et des signaux à madame Robinet. (Ils font des signaux.)

JOSEPH Ah ! oui, que j'ai vu... C'est un brave !

AUGUSTIN. Oh ! oui.

JOSEPH. Mais vous jacassez, vous jacassez, et j'oublie que j'ai une course à faire. Je vais au Cirque !

AUGUSTIN. Au Cirque !... Qu'est-ce que tu vas y faire ?

JOSEPH. Je vais causer d'affaires avec le directeur de cet établissement.

AUGUSTIN, riant. Ah bah !... Est-ce que tu voudrais devenir écuyer ? Ça te botterait !

JOSEPH. On ne sait pas, on ne sait pas !

AUGUSTIN, riant. Bon voyage !

JOSEPH. J' vas prendre l'omnibus !

AUGUSTIN. Ç'est ça !

JOSEPH. A l'intérieur ! (Il sort en faisant signe de boire.)

SCÈNE IX.

AUGUSTIN, seul. Si j'avais seulement à mon bureau un siége aussi moelleux que celui-ci!... (Fredonnant.)

> Qu'il serait doux de ne rien faire,
> Et de penser à ses amours!

Célestine, ma petite Titine! C'est qu'elle est si délurée, si franche, si bonne fille!... Tout à l'heure, en rentrant chez elle, elle était gaie comme une fauvette... et moi, qui suis toujours gai comme un pinson... nous avons ri!... Elle m'a montré un singulier cadeau. Ah! si j'attrape le vieux grigou qui donne des jarretières aux femmes! (Se fouillant.) Où donc ai-je mis la preuve de conviction? Je l'aurai laissée à l'étude, dans la poche de mon paletot noisette! Il ne faut pas être homme pour faire un cadeau pareil!... Il faut être rat ou mercier!... Envoyer à une charmante fleuriste une paire..... (Robinet paraît au fond.)

SCÈNE X.

AUGUSTIN, ROBINET.

ROBINET. La! j'en étais sûr!

AUGUSTIN, à part. Le patron!

ROBINET. Pourquoi n'êtes-vous pas à l'étude?

AUGUSTIN. J'y allais, patron, j'y allais!

ROBINET. Je vous interdis de flâner dans mon appartement!

AUGUSTIN. Patron, je vous cherchais.

ROBINET. Ta, ta, ta! Rentrez à l'étude!

AUGUSTIN. Oui, patron!

ROBINET. Et n'en sortez plus!

AUGUSTIN. Non, patron!

ROBINET. Sous aucun prétexte!...

AUGUSTIN. Oui, patron... (A part.) Vieil animal, va!

ROBINET, furieux. Eh bien, fainéant!

AUGUSTIN. Je m'envole, patron, je m'envole! (Il sort en fredonnant LE SIRE DE FRAMBOISY.)

SCÈNE XI.

ROBINET, puis AUGUSTIN.

ROBINET. Voyons si ma femme... (Il va à la porte.)

AUGUSTIN, rentrant. Vous m'avez appelé, patron?

ROBINET, furieux. Ah çà, monsieur, avez-vous pris à tâche de m'exaspérer?...

AUGUSTIN. Patron, je m'envole! (Il sort en fredonnant LE SIRE DE FRAMBOISY.)

SCÈNE XII.

ROBINET, seul. Ce saute-ruisseau me donne sur les nerfs! Voyons ce que fait ma femme... (Il regarde par le trou de la serrure de la porte de gauche.) Ah! je l'aperçois, cette bonne louloute!... Elle est assise. Tiens, on dirait *la Pénélope* de Pradier!... Il ne lui manque qu'une lyre... Elle met des bas blancs... c'est pour essayer mes jarretières... pauvre bibiche! Jouissons de sa surprise... (Pendant que Robinet regarde par le trou de la serrure, Augustin rentre. Robinet se retourne.)

SCÈNE XIII.

ROBINET, AUGUSTIN.

ROBINET. Encore vous!... C'est donc une gageure?

AUGUSTIN. Non, patron, c'est une affaire!

ROBINET. Alors, qu'est-ce?... et dépêchez-vous!

AUGUSTIN, lentement. Je respecte trop maître Isidore-Pamphile Robinet pour venir l'interrompre au milieu de ses réflexions sans un motif légitime, sans une raison grave!...

ROBINET. Bien, après?

AUGUSTIN. Ah! patron, un instant, que je vous admire!

ROBINET. Au fait, au fait!

AUGUSTIN. Oh! que vous avez bien la tête enthousiaste de l'homme de génie!

ROBINET. Ça, c'est vrai!

AUGUSTIN. Mais pas de patience...

ROBINET. Après, après, après?

AUGUSTIN. Mais pas de patience... Ah! si vous aviez de la patience, vous seriez sans contredit le roi des huissiers... Mais, hélas! pas de patience!

ROBINET, le prenant au collet. Misérable taquin, je te somme de me dire ce qui t'amène, ou je te flanque à la porte de mon étude!

AUGUSTIN. Du moment que vous employez la douceur... voici. Je venais vous dire, patron, (Psalmodiant.) qu'il y a des clients qui vous demandent à l'étude. Ces clients sont: madame Dufourneau, remariée en troisième noce avec le petit apothicaire du coin de la rue, vous savez, M. Fistulet, qui a de si gros serpents dans un bocal. Ils viennent vous consulter pour une affaire de recouvrement; il paraît qu'ils ont des rentrées difficiles...

ROBINET, marchant. C'est bon, c'est bien! je sais ce que c'est...

Pas un moment à soi! (A part.) Mais je vais les expédier et revenir... (A Augustin.) Rentrez à l'étude, monsieur! (Il sort.)

AUGUSTIN, seul. Oui, patron... Mais c'est pas un homme!... c'est un hérisson, un porc-épic!...

SCÈNE XIV.

AUGUSTIN, MADAME ROBINET.

MADAME ROBINET, entrant furieuse. C'est une indignité, une horreur!...

AUGUSTIN, à part. Quelle agitation! (Haut.) Qu'avez-vous, patronne?

MADAME ROBINET. Ah! c'est vous, monsieur Augustin?

AUGUSTIN. En personue, madame.

MADAME ROBINET. Avez-vous vu M. Robinet?

AUGUSTIN. Il sort d'ici!

MADAME ROBINET. Où est-il à présent?

AUGUSTIN. A l'étude, madame.

MADAME ROBINET. Est-il occupé?

AUGUSTIN. Oui, madame. Il est avec des clients; ces clients sont madame Dufourneau, mariée en troisième noce...

MADAME ROBINET. Je sais ce que vous voulez dire... Sera-t-il bientôt libre?

AUGUSTIN. Je ne pourrais vous dire; mais je vais m'en informer!

MADAME ROBINET. Oh!

AUGUSTIN. Madame est souffrante?

MADAME ROBINET. Un peu... Mais allez, je vous en prie!

AUGUSTIN. Je m'envole, belle dame, je m'envole! (Il sort.)

SCÈNE XV.

MADAME ROBINET, seule. Les hommes!... quelles affreuses créatures! Oh! M. Robinet, c'est horrible! Je dirai plus, c'est canaille!... Un homme chauve, un chauve! donner des jarretières dépareillées à sa femme... une grise et une rouge! Il me trahit! il a une maîtresse!... Il lui aura donné aussi des jarretières, et il se sera trompé!... Mais quelle est cette rivale? Ah! M. Robinet, vous êtes un fameux chenapan!... Et moi qui réduisais au désespoir ce jeune homme qui demeure en face... un zouave de Crimée, taillé en Apollon! jeune homme charmant, qui m'écrit de si jolies choses, si poétiques!... Oh! mais, patience, je me vengerai!... Ah! mon auguste époux, vous cascadez à votre âge!... un huissier!...

SCÈNE XVI.

MADAME ROBINET, M. ROBINET.

ROBINET, entrant furieux. C'est affreux! c'est affreux!

MADAME ROBINET, à part. Voilà mon vieux libertin!

ROBINET, à part. Une jarretière grise, une jarretière donnée à ma femme, trouvée dans un paletot noisette!

MADAME ROBINET, à part. Je vais l'anéantir. (Haut.) Oserez-vous bien me regarder en face sans rougir, vieux gueux?

ROBINET. Supporterez-vous mon œil d'aigle sans trembler, traîtresse?

MADAME ROBINET. Il m'accuse!... Voilà qui est fort!

ROBINET. Je vais me gêner, peut-être?

MADAME ROBINET. Il m'accuse!... Merci! on connaît vos allures... avec vos maîtresses!

ROBINET, à part. Bigre!... Crions plus fort qu'elle... (Haut.) C'est à moi que vous parlez de maîtresses... lorsqu'on vous a vue loucher pour un petit gandin affligé d'un paletot noisette?

MADAME ROBINET. Un paletot noisette!

ROBINET. Tous les goûts sont dans la nature, madame.

MADAME ROBINET. Infamie!

ROBINET. Oh! Balzac avait bien raison de dire que le plus tartufe des tartufes est moins tartufe que la moins tartufe des femmes!

MADAME ROBINET. Monsieur!

ROBINET. Madame! (Apercevant Joseph qui entre.) Silence, quelqu'un! Gardons au moins notre dignité!

SCÈNE XVII.

LES MÊMES, JOSEPH.

JOSEPH, entrant; il est ivre. Monsieur et madame Robinet, bonjour... c'est moi!

ROBINET. Ciel! c'est Joseph! Le malheureux est ivre!

JOSEPH. Monsieur, je v.....

ROBINET. C'est bon, va-t'en; tu me rendras compte plus tard de ta mission.

JOSEPH. Patron, vous mangez vos mots... ma mission!... ma commission, à la bonne heure!

MADAME ROBINET. Quelle commission?

ROBINET. Chez un client... Eh bien, voyons, qu'est-ce *qu'il* t'a dit?

JOSEPH. Votre ami?

ROBINET. Oui.

JOSEPH. *Il* achevait sa toilette.

MADAME ROBINET. Sa toilette ?

JOSEPH. Et *il* faut lui rendre cette justice, c'est *qu'il* a une taille qui tiendrait là-dedans, et des pieds mignons... et des mains!...

ROBINET. Va-t'en!

JOSEPH. Je lui ai remis ce qu'on m'avait chargé de lui remettre.

MADAME ROBINET. Quoi?

ROBINET. Oui, des papiers d'affaires... C'est bien, va-t'en !

JOSEPH. *Il* m'a dit, votre ami, tu remercieras bien ton vieux cantalou... C'est vous, patron !

MADAME ROBINET. Son vieux cantalou ?

ROBINET. Tu vois, ma louloute, que c'est un client !

JOSEPH. Et comme *il* allait sortir, *il* a mis sa crinoline.

MADAME ROBINET. Il a mis sa crinoline!... C'était une femme! Trahison!...

ROBINET. Mais, bobonne, je te jure!...

MADAME ROBINET. Perfide!... laissez-moi !

ENSEMBLE.

Air de *Wallace.*

Oui, c'est abominable
De se conduire ainsi !
La chose est incroyable
Entre femme et mari!

M. ROBINET, à part.

Ne bravons pas en face sa colère,
Dissimulons et nous verrons après.

MADAME ROBINET.

Je montrerai, monsieur, du caractère,
Un cœur brisé ne pardonne jamais!

REPRISE.

Oui, etc.

MADAME ROBINET.

Le mari se conduire ainsi!

M. ROBINET.

La femme se conduire ainsi!

(Après le chœur, madame Robinet sort.)

ROBINET, à Joseph. Tu n'es qu'une brute!... Je te chasse, idiot! Allons, file de céans, crétin! et plus vite que ça!

JOSEPH, au fond, en sortant. C'est égal, monsieur Cantalou, *il* mettait sa crinoline!

SCÈNE XVIII.

ROBINET, seul. En voilà du grabuge !... Cet imbécile, aussi, qui s'avise de prendre l'omnibus sur le comptoir du marchand de vin !... Il faut, coûte que coûte, que je persuade à ma femme... (Il va pour remonter ; Célestine entre.) L'autre, à présent !...

SCÈNE XIX.

ROBINET, CÉLESTINE.

CÉLESTINE. Ah ! monstre ! vous me promettez des billets pour l'Ambigu, et vous m'en envoyez pour le Cirque ! moi qui déteste les chevaux !

ROBINET. C'est la faute de mon domestique ; calmez-vous !

CÉLESTINE. Me calmer !

ROBINET. Joseph a mal compris mes ordres ; je l'avais envoyé à l'Ambigu.

CÉLESTINE. Oh ! mais, ce n'est pas tout !... Croyez-vous donc qu'il soit permis de tromper impunément une pure et chaste jeune fille comme moi ?...

ROBINET. Voyons, voyons, Célestine, ne dites pas de bêtises. (A part.) Quelle situation !

CÉLESTINE. Quoique huissier, vous êtes bien canaille, mon petit !... Vous m'aviez promis un joli bracelet, et vous me donnez une paire de jarretières !... et encore les deux ne font pas la paire... elles sont dépareillées !

ROBINET. Hein ?... dépareillées ?

CÉLESTINE. L'une est rouge, l'autre est grise.

ROBINET, à part. Ah ! la coquine de marchande !

CÉLESTINE. Expliquez-moi cela. Vous donnez donc des jarretières à d'autres qu'à moi ?

ROBINET, à part. Alors, ma femme n'est pas ?... (Haut.) Mademoiselle, ne connaîtriez-vous pas un jeune gandin, affligé d'un paletot noisette ?

CÉLESTINE, à part. Est-ce qu'il saurait ?...

ROBINET, à part. Elle se trouble !... Je suis fixé !

CÉLESTINE, pleurnichant. Me soupçonner, moi ?... Ah ! que je suis malheureuse !

ROBINET. Voyons, Célestine, soyez raisonnable, taisez-vous, et filez de mon toit !

CÉLESTINE. Que je me taise ! que je file !... Plus souvent ! Non, je reste, et je crierai partout, sur les toits, s'il le faut, les infortunes de Célestine et les crimes d'un Robinet !

ROBINET. Taisez-vous, ma femme pourrait vous entendre.

CÉLESTITE. Sa femme!... Il est marié!

ROBINET, à part. Sac à papier ! quelle boulette !

CÉLESTINE. Il est marié! il a tous les défauts !

ROBINET, à lui-même. Animal!

CÉLESTINE. Vous êtes marié?

ROBINET. Eh bien, oui, oui!... Après?...

CÉLESTINE. Ah! la tête me tourne!... soutenez-moi!... Oh ! les nerfs, les nerfs!...

ROBINET, la faisant asseoir à droite. Est-elle nerveuse!... mais l'est-elle !

CÉLESTINE. Quel galopin!... Ah ! ah ! ah!

ROBINET. Elle se trouve mal, à présent! (Il lui tape dans la main.) Et pas un verre d'eau! et ma femme qui peut venir!... Sac à papier ! je ne suis pas à mon aise!... Ah! une idée ! (Il sort en courant.)

SCÈNE XX.

CÉLESTINE, seule, se relevant vite. Il s'en va ! J'ai peut-être été un peu trop loin, car, s'il est véritablement marié!... Ah ! mon Dieu, on vient!... Si c'était sa femme?... Où me cacher? Ah! cette porte!... (Elle entre à droite.)

MADAME ROBINET, rentrant vivement à gauche. Il y avait une femme ici, j'en suis sûre; mais où est-elle passée?... Que je suis malheureuse!... Pamphile, Pamphile me fera mourir de chagrin!... (Elle s'assied sur le fauteuil où était Célestine et se trouve mal.) Ah! (Robinet rentre avec un verre d'eau.)

SCÈNE XXI.

MADAME ROBINET, ROBINET.

ROBINET, lui jetant de l'eau au visage. Tenez, tenez, ça vous fera du bien !

MADAME ROBINET, poussant un cri. Ah!...

ROBINET. Ma femme!... Où est l'autre ?

MADAME ROBINET. A qui donc, monsieur, apportez-vous ce verre d'eau?

ROBINET. A qui?... à qui?... (A part.) Pincé !

MADAME ROBINET. Vous hésitez?...

ROBINET. Du tout!... J'apportais un verre d'eau à madame la marquise de Saint-Crac, qui était revenue me consulter. Elle s'est sentie subitement indisposée... et...

MADAME ROBINET. Ah! Pamphile, je devine tout, j'ai la preuve!...

ROBINET. De quoi?...

MADAME ROBINET. De votre crime!...

ROBINET. Quel crime!...

MADAME ROBINET. Vous niez, alors?...

ROBINET. Je nie z'-alors... oui!... Vois-tu les apparences?

MADAME ROBINET. Quelles apparences?...

ROBINET. On croit qu'une chose est blanche, et puis, pas du tout, elle est noire!... On croit qu'elle est noire, pas du tout... elle est blanche!... Un soir, on se couche tout joyeux, et, le lendemain, on se réveille d'une humeur massacrante!... Tiens, sans aller plus loin, depuis qu'Alexandre... non, César... a passé le Rubicon... on voit des choses... tous les jours... des choses qui sont... incompréhensibles!...

MADAME ROBINET. Si c'est ainsi que vous croyez vous justifier! Mais, soyez calme!... je saurai me venger!

ROBINET. Non, ma louloute, non tu ne te vengeras pas!

MADAME ROBINET. Vous verrez!... (Célestine ouvre la porte qu'elle referme fort.) Quel est ce bruit!

ROBINET, à part. Ah! elle est là!... (Balbutiant.) Je n'ai rien entendu... C'est la pluie qui, peut-être, bat contre les jalousies...

MADAME ROBINET. Il ne pleut pas, il fait grand soleil...

ROBINET. Ce doit être... le soleil, alors... qui fouette...

MADAME ROBINET. Vous êtes fou!... et je veux m'assurer!...

ROBINET. Tout est perdu!...

SCÈNE XXII.

LES MÊMES, puis AUGUSTIN et CÉLESTINE.

MADAME ROBINET, ouvrant la porte du cabinet, se trouve face à face avec Augustin. C'est donc vous qui êtes là-dedans?

AUGUSTIN, paraissant. Madame le voit bien!...

MADAME ROBINET. Vous n'étiez pas seul?...

AUGUSTIN. En effet... je suis avec une dame!

MADAME ROBINET. Une dame?...

AUGUSTIN. Qui demande à parler à M. Robinet!... Mais ce n'est pas madame Dufourneau, épouse de M. Fistulet, l'apothicaire qui a des serpents...

ROBINET. Assez, assez!...

MADAME ROBINET. Eh bien, qu'elle vienne, cette dame!

AUGUSTIN. Volontiers!...

ROBINET, bas à Augustin. Tu me perds!...

AUGUSTIN, bas à Robinet. Je vous sauve!...

MADAME ROBINET. Ah! ce vieux fourbe-là va donc être confondu, cette fois!... Il ne l'aura pas volé!...

AUGUSTIN, à Célestine. Entrez, mademoiselle...

MADAME ROBINET. C'est vous, mademoiselle, qui désirez parler à mon mari?...

CÉLESTINE. Oui, madame... Voici... Je suis demoiselle de comptoir dans un magasin à côté, et... monsieur... est venu ce matin... acheter des jarretières grises... Au lieu d'empaqueter deux jarretières pareilles, je me suis trompée!... Je vous apporte une des jarretières qui manque... veuillez me rendre l'autre... la rouge!...

ROBINET, à part. C'est un impair... rouge! couleur passée, parfait!...

MADAME ROBINET. Mais il y avait une femme, tout à l'heure... ici!...

ROBINET. Je t'ai dit que c'était madame la marquise...

MADAME ROBINET. Alors, ce n'était pas mademoiselle?...

ROBINET. Assurément... car mademoiselle, à ce que je pense, du moins, n'est pas marquise. (A Célestine.) N'est-ce pas, mademoiselle, que vous n'êtes pas la marquise de Saint-Crac?...

CÉLESTINE. Marquise... moi!...

AUGUSTIN. Mademoiselle est ma bonne amie!... pour le bon motif... et je compte, un de ces jours, la conduire devant l'écharpe de M. le maire!... (Ils rient.)

ROBINET, à part. Très-adroit... très-adroit!... (A sa femme.) Tu vois, ma louloute, blanc comme neige!

MADAME ROBINET. Mon Pamphile!...

AUGUSTIN, à Célestine. Et mes appointements?...

CÉLESTINE, à Robinet. Et ses appointements?...

ROBINET. Doublés!...

CÉLESTINE. Et mon bracelet, vieux farceur?

ROBINET. Aussi... (Au public.) en doublé.

CHŒUR.

Air : *Les erreurs du bel âge.*

Non, entre nous, plus de nuage,
Plus de soucis, plus de tourments,
Ici, comme après un orage,
On voit revenir le beau temps.

ROBINET, au public.

Air : *Restez, restez, troupe jolie.*

Comme le renard de la fable,
Je suis honteux et confondu ;
Voulant paraître trop aimable,
Trop fat, peut-être, j'ai paru ;
Je crains de vous avoir déplu.
L'auteur doit partager mes craintes,
Car il est soumis à vos lois ;
Applaudissez-le sans contraintes,
Si vous approuvez mes exploits.

ENSEMBLE.

Applaudissez-le sans contraintes,
Si vous riez à ses exploits.

REPRISE DU CHŒUR.

Non, entre nous, plus de nuage,
Plus, etc., etc.

FIN.

LAGNY. — Typogr. de A. VARIGAULT et Cie.